W0251353

Aus dem Programm
Huber: Psychologie Sachbuch

Ulrike Schäfer

Tim Zippelzappel und Philipp Wippelwappel

Eine Geschichte für Kinder mit ADHS-Syndrom

Verlag Hans Huber
Bern · Göttingen · Toronto · Seattle

Adresse der Autorin:
Frau Dr. med Ulrike Schäfer
Fachärztin für Kinder- und Jugendpsychiatrie
Neurologie und Psychiatrie Psychotherapie
Hainholzweg 11
D-37085 Göttingen

Lektorat: Dr. Peter Stehlin
Herstellung: Daniel Berger
Umschlag: Atelier Mühlberg, Basel
Satz und Layout: sos-buch, Mainz
Druck und buchbinderische Verarbeitung: freiburger graphische betriebe, Freiburg i. Br.
Printed in Germany

Bibliografische Information der Deutschen Bibliothek
Die Deutsche Bibliothek verzeichnet diese Publikation in der Deutschen Nationalbibliografie; detaillierte bibliografische Daten sind im Internet über http://dnb.ddb.de abrufbar.

Anregungen und Zuschriften bitte an:
Verlag Hans Huber
Lektorat: Pflege
Länggass-Strasse 76
CH-3000 Bern 9
Tel: 0041 (0)31 300 4500
Fax: 0041 (0)31 300 4593
E-Mail: verlag@hanshuber.com
Internet: http://www.HansHuber.com

1. Auflage 2003

ISBN 3-456-83880-8

Vorwort für die Eltern, Lehrer und Erzieher

Kinder mit unruhigem Verhalten und Aufmerksamkeitsschwäche erfahren oft Leid durch die Altersgenossen, sie geraten in Sündenbockrollen und werden Opfer von Zurückweisungen und Ablehnungen. Sie als Eltern, machen sich große Sorgen und werden zudem mit Vorwürfen Dritter konfrontiert. Auch Erzieher oder Lehrer sind oft ziemlich hilflos. Oft ist die Tatsache, dass nach jahrelangem Hin und Her und vielen mehr oder weniger gut gemeinten Tipps zur Erziehung des Kindes nun endlich die Diagnose „hyperkinetische Störung oder Aufmerksamkeits-Defizit-Syndrom" gestellt wird, auch eine erhebliche Entlastung. Oftmals haben Sie, als Eltern oder Lehrer und Erzieher, mit dem behandelnden Arzt oder Psychotherapeuten ausführliche Gespräche über das Störungsbild und deren Behandlung gehabt. Auch ist es Ihnen ja möglich, sich über das Störungsbild mit Hilfe verschiedener Ratgeber, zum Beispiel „Musst Du dauernd rumzappeln? Die hyperkinetische Störung: Ein Ratgeber" (2. Auflage) von Ulrike Schäfer oder „Das große ADHS-Handbuch für Eltern" von Russel A. Barkley zu informieren. Natürlich dienen solche Bücher immer nur als Grundlage für ein ausführliches Gespräch mit dem behandelnden Arzt oder Psychologen. Andererseits wissen wir: je informierter Eltern und Betroffene sind, desto größer ist die Chance auf eine gute Zusammenarbeit – und diese ist für eine längere Zeit bei diesem Störungsbild nötig.

Wenn gleich auch in einem Beratungsgespräch immer das Kind oder der Jugendliche mit einbezogen werden sollte, so ist es doch eine häufige Erfahrung, dass Kinder und/oder Jugendliche, die unter diesem Störungsbild leiden, vieles nach dem Gespräch vergessen oder erst gar nicht richtig mitbekommen. Aus diesem Grund erscheint es mir notwendig, dass auch die Kinder ein Anschauungsmaterial bekommen, aus denen sie wichtige Informationen über ihr Störungsbild erhalten.

Wenn wir die betroffenen Kinder zur Zusammenarbeit gewinnen wollen, so ist es unerlässlich, sie als „Vertragspartner" ernst zu nehmen und ihnen ausreichende Chancen zu geben, sich einerseits zu informieren, um dann andererseits auch gezieltere Fragen stellen zu können und in den Entscheidungsprozess der Untersuchungen und Therapien mit einbezogen zu werden.

Aus diesem Grund ist die vorliegende Geschichte für Kinder mit ADS-Syndrom entstanden. Sicherlich wäre es hilfreich, wenn Sie als Eltern oder Erzieher oder Lehrer auch die Geschichte lesen und gegebenenfalls mit Ihrem Kind gemeinsam auch einige Aspekte klären. Bei aufkommenden Fragen sollten Sie sich an den Arzt oder Psychologen wenden, der Ihre Familie betreut.

Für Anregungen und Kritik wäre ich sehr dankbar.

Ulrike Schäfer

philipp@wippelwappel.de
+ tim@zippelzappel.de

Eine Geschichte für Kinder mit ADS-Syndrom

tim@zippelzappel.de

Hi Tim,

schön, dass es Dich gibt. Hier hab ich nämlich keine Freunde, keiner will mit mir spielen.
Alle sind gegen mich, immer ärgern sie mich.

Grüße
Dein Philipp

philipp@wippelwappel.de

Hi Philipp,

mir geht's genauso, immer bin ich der Störenfried, alle sagen immer, ich habe Schuld. Immer ich. Echt gemein.

Dabei gebe ich mir so oft große Mühe. Aber immer kommt es zum Streit mit den anderen Kids.

Manchmal bin ich darüber ziemlich traurig. Du auch ?

Gruß
Dein Tim

tim@zippelzappel.de

Na klar Tim, mir geht's auch so.

Ist ja auch kein Wunder, dass ich traurig bin. :-((
Die Kinder lassen mich nicht mitspielen, die Lehrer schimpfen ewig mit mir, meine Eltern meckern nur an mir rum, die Eltern von meinen Klassenkameraden verbieten mir, dass ich mit ihren Kindern spiele, überall nur Ärger.
Wie geht's Dir?

Gruß
Philipp

immer Ärger mit
Schule
Eltern

philipp@wippelwappel.de

Hi Philipp,

Mensch, ich dachte nur mir geht's so.

Also bei Dir ist es auch so! Komisch!

Meine Lehrer meckern ständig, dass ich zu laut bin, dass ich dazwischen rufe, dass ich die Hausaufgaben vergessen habe, die Sportsachen verloren habe und so weiter. Andauernd passiert ausgerechnet mir was. Ich weiß natürlich, dass ich mich melden muss, aber irgendwie laufen mir die Worte einfach so aus dem Mund und schon habe ich wieder gestört. Und dann das Stillsitzen im Unterricht! Ich merke gar nicht, dass meine Beine ständig wippen, meine Hände überall rumfummeln, aber mein Lehrer sagt es mir jeden Tag.

Wie klappt's bei Dir in der Schule?

Bis gleich, Tim

tim@zippelzappel.de

Hallo Tim,

na das ist ja „nen Ding“, was Du von Deiner Lehrerin sagst. Die könnte ja auch meine sein!

„Pass auf, hör zu, schau her“ sind ihre Lieblingsworte. Immerzu. Dabei geht's in meinem Kopf eben anders zu: Ich höre einfach alles in der Klasse, jedes Geräusch, auch draußen, das Hupen der Autos, die Sirene der Feuerwehrautos, das Gezwitscher der Vögel,
ich sehe alles, irgendwie weiß ich nicht, worauf ich achten muss und worauf nicht.

Immer ist alles zugleich da. Dann werde ich ganz schnell müde, aber ich bin noch unruhiger.

Die Schule ist einfach ne Qual und dann der viele Ärger, besonders in den Pausen. Am liebsten möchte ich gar nicht mehr zur Schule gehen.

Grüße
Dein Philipp

Vokabeln
Sirene
Hupe
Rascheln
Geplapper
Zwitschern
alles gleichzeitig

philipp@wippelwappel.de

Hi Phillipp,

mir geht's genauso, immer sind viele Ideen und Gedanken gleichzeitig da. Alles durcheinander. Am schlimmsten finde ich Schreiben. Puh ist das anstrengend. Immer schön ein Buchstabe nach dem anderen, immer in der Zeile bleiben.

Fürchterlich. Tippen auf dem PC geht leichter, überhaupt ist Computer, Gameboy, Playstation und Fernsehen noch das Beste, was es gibt. :-)

Gern würde ich auch Judo machen. Aber der Judotrainer meint, ich halte es nicht durch, so unruhig wie ich bin, könnte ich beim Training nicht mitmachen. Das ist echt doof.

Wenn mir was nicht gelingt, zum Beispiel beim Schreiben, oder auch beim Spielen oder Basteln, werde ich total wütend. Das geht rasend schnell. Ich bin dann einfach stocksauer.

Wenn mich dann noch einer ärgert oder aufzieht, dann geht erst recht die Post ab! Dann knall ich all die Sachen gegen die Wand, dann ist mir alles sch....... egal! Meist geht's dann schnell vorbei mit der Riesenwut und ich bin wieder lieb. Nur die anderen wissen es nicht und sind noch sauer. Meine Eltern verstehen es nicht. Sie sagen manchmal „wir haben zwei Tim's, einen lieben und einen bösen".

Viele Grüße
Dein Tim

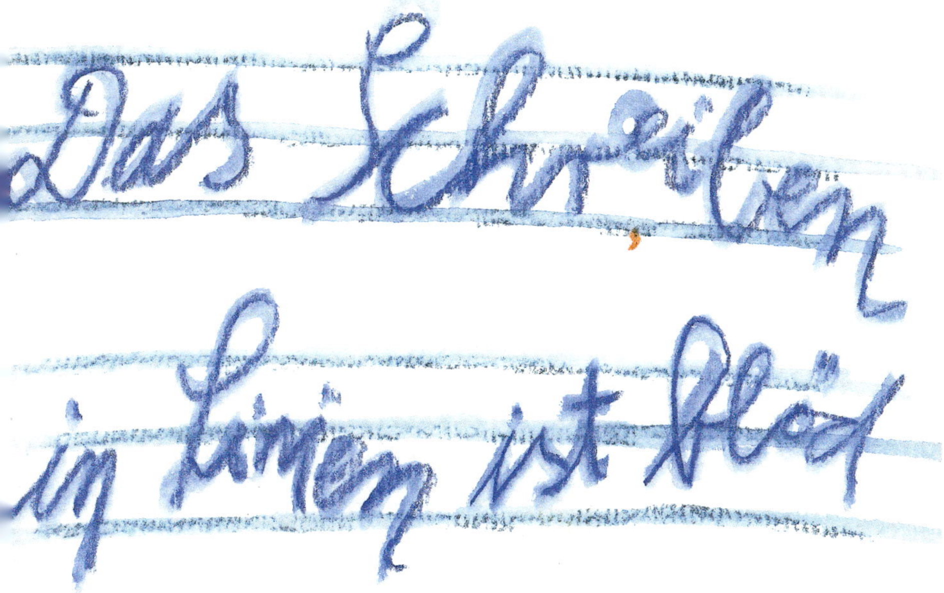
Das Schreiben
in Linien ist blöd

WUT
ÄRGER
STOCKSAUER

tim@zippelzappel.de

Hallo Tim,

hier ist total dicke Luft, hab ’ne Menge Ärger.

Bin mit der guten Porzellanschüssel ausgerutscht,
hab ’ne Kante übersehen, immer passiert es mir.
Einfach ungeschickt und blöd.

Und dann noch der Brief von der Schule!
Mein Vater ist total ärgerlich geworden.
„Schlechte Noten und schlechtes Benehmen“
hat er nur geschrieen, in der Schule kennst Du
keine Regeln und zu Hause auch nicht!

(Damit meint er mein unaufgeräumtes Zimmer und
dass ich immer zu spät vom spielen heimkomme.)

„Jetzt geht's so nicht weiter" hat er gesagt.

Also Philipp, ich muss jetzt zu einem Arzt, der sich mit solchen Kindern auskennt, der soll mir helfen. Auch das noch!

Du bist ein Judofan? Ich finde Fußball toll.
Meine Lieblingsmannschaft ist Bayern München.
Hast Du auch eine?

Viele Grüße
Philipp

ZEUGNIS
für Philipp Wippelwappel

Rechtschreibung	**4**
Deutsch	**5**
Schrift und Form	**4**
Sachkunde	**3**
Mathematik	**5**
Werken	**4**
Sport	**3**
Musik	**4**
Religion	**4**

Philipp passt nicht aufmerksam im Unterricht auf. Er stört oft den Unterricht und lenkt sich und seine Mitschüler ab. Er muss lernen, seine Arbeitsmaterialien immer mitzubringen. Seine Hausaufgaben muss er regelmäßiger und sorgfältiger anfertigen. In Konfliktsituationen muss Philipp lernen, sich angemessener zu verhalten und auch Fehler bei sich zu suchen. Er sollte sich aus Streitsituationen anderer heraushalten und lernen, Regeln der Gemeinschaft einzuhalten.

Die Versetzung ist gefährdet.

Aufräumen fällt mir total schwer...

philipp@wippelwappel.de

Hi Philipp,

w*aaa*s – zu einem A*aaa*rzt ?

Was soll denn das ? Also erzähl mal, was der mit Dir macht, vielleicht hilft das ja mir auch. Hier gibt's auch Ärger, weil ich meine Hausaufgaben mal wieder häufiger vergessen habe.

Fußball finde ich auch toll. Ich halte immer für Dortmund die Daumen.
Warst Du schon einmal bei 'nem echten Spiel dabei ?

Viele Grüße, Tim

tim@zippelzappel.de

Hi Tim,

also heute war ich beim Arzt. Eigentlich war der ganz nett. Er hat gefragt, viel gefragt! Meine Eltern (mein Vater war sogar auch mit!) aber auch mich hat er gefragt. Besonders wie ich mich in der Schule verhalte und zu Hause und mit meinen Freunden.

Na ja, ganz schöner Mist, wenn alles so geballt rauskommt, was ich alles nicht kann!
Aber der Arzt hat auch meine Eltern gefragt, was ich gut mache (Rasenmähen, mit dem Hund Gassi gehen, haben sie gesagt).

Dann hat er mich noch „neurologisch" untersucht. Keine Angst, es tat überhaupt nicht weh. Ich musste hüpfen, springen und so was machen. Jetzt muß ich noch mal hin und werde „psychologisch“ untersucht, weil der Doc vermutet, dass ich ein A D S oder so was ähnliches habe. Das soll was sein, wo man nicht zuhören kann und nicht richtig aufpassen kann und abgelenkt und unruhig ist.

Na mal sehen.

Bis dann
Philipp

Arzt für Kinder- und Jugendpsychatrie

Der Arzt stellt . . .

- Fragen an mich
- Fragen an meine Eltern
- Fragen an meine Lehrerin

Der Arzt macht . . .

- neurologische Untersuchungen
- psychologische Untersuchungen

philipp@wippelwappel.de

Hey alter Philipp,

Also keine schlechte Idee mit dem A D S , das ist ja ähnlich auch bei mir! Also schreib mir bloß wie's weitergeht.

Viele Grüße
Tim

ADS =

A ufmerksamkeits-
d efizit
s yndrom

- zu wenig Konzentration
- schnell abgelenkt
- zu viel Unruhe
- zu wenig Geduld
- schnell wütend
- stören
- dazwischenreden
- sich nicht an Regeln halten

tim@zippelzappel.de

Hey Tim,

also heute war ich bei dem Psychologen, war eigentlich ganz gut, musste aber auch schreiben, das war blöd.

Nächste Woche muss ich noch zum „EEG", das ist irgendwas mit Kabeln am Gehirn. Genau habe ich das nicht verstanden.

Liebe Grüße
Philipp

philipp@wippelwappel.de

Hey Philipp,

also ein „EEG" ist eine „Hirnstrommessung" – sagt meine Mutter, die ist ja Krankenschwester.

Keine Angst, das tut nicht weh, sagt sie – aber das sagen die Erwachsenen ja immer.

Viel Glück
Tim

EEG

tim@zippelzappel.de

Hey **Kumpel,**

also sie hat recht gehabt. Das EEG tat nicht weh.

Aber es war ganz schön anstrengend, so lange still zu liegen und sich nicht bewegen zu dürfen!

Hier ist's sonst wie immer: viel Gemeckere, Geschrei, Ärger. In der Schule überlegen sie, ob ich mal ein paar Tage „Sonderurlaub" kriegen soll, also zur Strafe zu Hause bleiben. Ob das auf Dauer was nützt?

Viele Grüße
Philipp

philipp@wippelwappel.de

Hey Philipp,

schön das Du Dich mal wieder gemeldet hast. Hier ist alles beim Alten. Viel Ärger, dabei versuche ich doch andauernd mir Mühe zu geben, es gelingt mir aber einfach nicht. Meine Mutter ist auch ganz verzweifelt und weint schon wegen mir. :-(Das tut mir leid, aber ich weiß nicht, was ich tun soll. Jetzt will sie mit mir zu einem Verhaltenstherapeuten gehen. Das soll ein netter Typ sein, der mir ein anderes (besseres) Verhalten beibringen soll.
Hast Du davon schon was gehört?

Viele Grüße
Dein Tim

Verhaltenstherapie

- sich besser konzentrieren
- aufmerksamer sein
- genau hinschauen
- genau hinhören
- sich an Regeln halten lernen
- Konfliktsituationen meistern

tim@zippelzappel.de

Hey Tim,

nun war ich mit meinen Eltern zum Abschlussgespräch beim Arzt und er meint, es ist höchstwahrscheinlich so, dass ich ein ADS habe. Ein

AUFMERKSAMKEITSDEFIZIT-SYNDROM.

Das ist eine Störung für die ich nichts kann. Da bin ich wohl mit geboren, es fehlen mir irgendwelche Botenstoffe im Gehirn, die üblicherweise dafür sorgen, dass man nicht zu unruhig, zappelig und unaufmerksam ist.

Ich soll jetzt Medikamente nehmen, die den Botenstoffwechsel im Gehirn wieder in Ordnung bringen. Ich muss jeden Morgen vor der Schule eine Tablette Ritalin® oder ein anderes Medikament heißt Medikinet®, nehmen und mittags vielleicht auch noch eine ½ Tablette dazu, damit ich meine Hausaufgaben besser packe. Die Tablette schmeckt sehr bitter. Mama tunkt sie immer in ein bisschen Marmelade, dann geht's.

Irgendwie komisch, aber seit ich dieses Zeug nehme, klappt's mit dem Aufpassen in der Schule wirklich viel besser und die Lehrerin meckert nicht mehr so oft mit mir rum. Nur Bauchschmerzen habe ich morgens ab und zu.

Da sagt der Doc, die hören nach ein paar Wochen auf. Zu einem Verhaltenstherapeuten soll ich auch.

Warst Du schon da ? Ich muss noch auf einen Termin warten, weil er schon so viele Kids hat, hat er noch keinen Platz für mich. Bin gespannt wie es da abläuft.

Wie wars den bei Dir ?

Grüße, Dein Philipp

Botenstoffe im Gehirn
sorgen für
eine
bessere
Konzentration

Medikamente

zum Beispiel:

- Ritalin®
- Medikinet®

↓

- verbessern den Botenstoffwechsel im Gehirn

↓

- die Konzentrationsfähigkeit wird besser

philipp@wippelwappel.de

Hallo Philipp,

Mensch, das haut mich ja um, dass Du Pillen essen musst. Und die h e l f e n ?

Also ich war bei einem Psychologen, da soll ich jetzt 1x pro Woche hin. Der Typ ist ganz o.k. Wir reden und spielen miteinander. Tests hat er auch gemacht. Er hat zu meinen Eltern gesagt, dass es lange dauern kann, bis ich besser drauf bin. Aber ob die Schule soviel Geduld hat?

Wieder gab's ne Menge Ärger und ich muss jetzt am Einzeltisch sitzen, keiner will mehr was mit mir zu tun haben. Aber das soll ich ja in der Verhaltenstherapie lernen, dass es auch mit den Typen in der Klasse besser klappt.

Na mal sehen.

Viele Grüße
Tim

tim@zippelzappel.de

Hey Tim,

also tut mir echt leid, dass ich mich so lange nicht gemeldet habe. Aber es war ne Menge los: In der Schule läuft es jetzt viel besser. Und stell Dir vor: Ich habe mich auch schon mit einem Jungen nachmittags zum Spielen verabredet, der wollte es! Wir haben zusammen Tischtennis gespielt. Ich bin gar nicht sauer geworden, wenn ich mal nicht so gut gespielt habe. Früher wurde ich wütend und habe mich dann auch gleich gestritten. Das geht jetzt viel besser.

Zu Hause geht's auch besser, ich schaffe meine Hausaufgaben jetzt schon ganz gut. Aber die Regeln, die meine Eltern jetzt mit mir als „Vertrag" gemacht haben, fallen mir noch verdammt schwer (zum Beispiel pünktlich sein, Zimmer aufräumen……). Aber es gibt dafür Pluspunkte und wenn ich davon

genug gesammelt habe, gibt's nen Wunsch
(ich habe mir ne Fahrradtour
zum Waldschwimmbad gewünscht).

Die Tabletten vertrage ich ganz gut, nur das
doofe Wiegen und Blutdruckmessen
nervt mich. Muss aber sein, sagt der Doc.
Na ja, tut ja nicht weh.

Der Verhaltenstherapeut ist auch o. k. und
wir üben verschiedene Situationen
(sich zu konzentrieren, Aufgaben zu zergliedern,
Probleme zu lösen und so was). Ich schicke
Dir mal ein Blatt mit so Übungen drauf.

Jetzt merke ich erst, wie oberflächlich ich
manchmal bin. Es ist wohl so, dass es am besten
ist, wenn man Tabletten nimmt und Verhaltens-
therapie hat. Nur Tabletten reichen nicht aus.
Ich hoffe, Dir geht's auch gut?

Viele Grüße
Philipp

Alles geht viel besser

- in der Schule
- bei den Hausaufgaben
- mit den Kumpeln
- mit meinen Eltern

Instruktionen zur Selbstberuhigung

direkte verbale Beeinflussung	Ich werde nicht wütend!	Ich bleibe ruhig!
indirekte verbale Beeinflussung durch künstliche Reaktionsverzögerung	Ich denke zuerst nach und handele dann!	Ich zähle zuerst bis 20, bevor ich handele!

Instruktionen zur Reflexion

Bezug ist der andere	Ich versetze mich in die Lage des anderen!	Ich rede mit anderen in Ruhe darüber!
Bezug ist die eigene Person	Ich überlege, ob ich mich richtig verhalten habe!	Ich motze nicht, sondern überlege warum ich wütend bin!

Instruktionen zur Zukunftsorientiertheit

Konkrete Situation mit realer Konsequenz	Wenn ich wütend schreie, darf ich nicht mehr mitspielen!	Wenn ich jetzt nicht zurückschlage, bin ich ein guter Kamerad
Allgemeiner Vorsatz aufgrund von Einsicht	Das nächste Mal mache ich es besser!	Das nächste Mal mache ich es anders!

philipp@wippelwappel.de

Hallo Philipp,

das ist ja super, dass es bei Dir so gut klappt. Ja, auch mir geht's besser, ich mache jetzt bei einer Gruppe mit anderen Kindern mit, die auch ähnliche Probleme haben wie ich. Das macht echt Spaß und da ist auch ein Kumpel, mit dem ich mich ganz gut verstehe. Wir wollen jetzt auch zusammen zum Judoverein gehen. Wir haben auch so Zettel mit Hinweisen bekommen und besprechen die und üben damit. Ich schicke Dir mal den von der letzten Stunde. Der ist praktisch bei Klassenarbeiten:

Ein Schritt nach dem anderen:

- Was ist meine Aufgabe, was soll ich tun ?
- Wie mache ich es am besten ?
- Ich beginne sorgfältig und ruhig zu arbeiten.
- Ich lasse mich nicht ablenken.
- Halt! Stop ! Ich kontrolliere alles noch einmal.
- Das habe ich gut gemacht !

Die Schule ist noch immer nicht gut. Der Psychologe überlegt, mich zu einem Doktor zu schicken. Vielleicht soll ich dann auch für ne Zeit lang Tabletten nehmen. Er sagt, dass ich vielleicht mit Hilfe der Tabletten lerne, konzentrierter zu sein und auch die Übungen in der Verhaltenstherapie dann besser hinkriege.

Viele Grüße

Tim

tim@zippelzappel.de

Hey Tim,

also jetzt sind schon wieder einige Wochen vergangen. Aber es ist so viel los. Ich verabrede mich jetzt regelmäßig mit Kumpels aus der Klasse und ich bin auch wieder in meine alte Fußballmannschaft eingetreten. Früher hat's mir keinen Spaß gemacht, jetzt ist es echt super. Letztes Wochenende hatten wir ein Superspiel. Ich habe zwei Tore geschossen. Das war toll!

Hast Du übrigens letzte Woche das Endspiel beim UEFA-Cup gesehen? Das war spannend! Mensch, so Fußballspielen möchte ich auch mal. Mein Vater hat mir versprochen, mit mir mal zu Schalke zu fahren, ins Stadion zum richtigen Spiel.

Meine Eltern sind jetzt viel lockerer geworden und können auch wieder mit mir lachen. Ich bin froh, dass ich jetzt nicht mehr so zappelig und unruhig bin und dass ich nicht mehr so oft wütend werde.

Wenn es in der Schule gut weiterläuft, darf ich mir was von meinen Eltern wünschen: Weisst Du, was ich cool fände: Wenn wir uns mal richtig sehen könnten. Es dauert mit dem Zug nur 1½ Stunden. Das könnten wir doch schaffen oder?

Viele Grüße
Dein Philipp

philipp@wippelwappel.de

Hey Philipp,

saugute Idee mit dem Treffen. Auch fände ich es absolut krass, wenn wir uns richtig sehen könnten.

Hier läuft es auch viel besser. Ich glaube, wir beide haben eine Menge im letzten halben Jahr geschafft. Das sollten wir feiern!

Bis bald
Tim

tim@zippelzappel.de

Hey Tim,

nun ist es soweit. Die Versetzung ist geschafft.

Meine Eltern sind einverstanden, dass wir uns treffen. Sie waren ganz erstaunt, als sie unsere E-Mails gelesen haben. Sie laden Dich in den Sommerferien zu uns ein und wir könnten bei uns im Garten zelten oder im Baumhaus schlafen – vorausgesetzt es regnet nicht pausenlos. Sag Bescheid, wann Du kannst.

Ich bin die ersten 3 Wochen der Sommerferien zu Hause, da ginge es gut.

Viele Grüße
Philipp

Einladung für Philipp

Wann?

. . . in den Sommerferien

Wo?

. . . bei Tim

Wie?

. . . mit dem Zug

philipp@wippelwappel.de

Hey Philipp,

1000 Dank für Deine Einladung. Ja meine Eltern haben nicht schlecht geguckt, als sie von Dir erfuhren. Sie wollen Deine Eltern anrufen und dann geht's klar, dass ich eine Woche in der ersten Hälfte der Sommerferien kommen kann, denn auch ich habe die Versetzung geschafft!

Ich freue mich riesig Dich zu sehen!

Bis bald
Dein Tim

Nachwort für den behandelnden Kinder- und Jugendpsychiater, Psychotherapeut oder Kinderarzt

Mit dem vorliegenden Büchlein wollen wir Kinder, die an Aufmerksamkeitsstörungen leiden, direkt ansprechen und informieren.
Für Eltern, Erzieher und Lehrer gibt es bereits einige Ratgeber, zum Beispiel „Musst Du dauernd rumzappeln? Die hyperkinetische Störung: Ein Ratgeber" (2. Auflage) von Ulrike Schäfer oder „Das große ADHS-Handbuch für Eltern" von Russel A. Barkley. Uns erscheint es wichtig, betroffene Kinder altersentsprechend über ihr Störungsbild aufzuklären, denn schließlich sind wir auf eine Zusammenarbeit mit ihnen über einen längeren Zeitraum angewiesen. Andererseits ist es eine häufige Erfahrung, dass Inhalte, die besprochen werden, nicht so gut gespeichert werden können, als wenn den Kindern die Möglichkeit gegeben wird, das eine oder andere noch einmal nachzulesen, um dann gegebenenfalls gezielt nachfragen zu können.

Für Anregungen und Kritik wäre ich dankbar.

Ulrike Schäfer